Konrads Ritt

Von Susanne Orosz
mit Illustrationen von Marion Meister

Inhaltsverzeichnis

Konrad will Ritter werden

Friedrich galoppierte auf die Turnierpuppe zu.

Seine Lanze splitterte und die Puppe raste in wilden Umdrehungen um ihre Achse.

Konrad seufzte. Was gäbe er dafür, wenn er morgen auch an dem großen Turnier teilnehmen könnte wie seine Brüder Friedrich und Bruno. Sie waren so eingebildet, nur weil sie schon über vierzehn und Knappen waren.

Konrad war zwar erst Page, aber er hatte mehr Ahnung vom Reiten und Bogenschießen als seine beiden Brüder zusammen. Doch beweisen konnte er es nicht.

Wann auch? Morgens hieß es früh aufstehen und in der Küche helfen. Beim Frühstück und beim Abendessen hatte er die Familie seines Onkels bei Tisch zu bewirten.

Tagsüber musste Konrad seine Brüder bedienen und Botendienste erledigen. Botenritte mochte Konrad am liebsten, weil er dann auf Karotte unterwegs war.

Karotte war ein Botenpferd. Den merkwürdigen Namen hatte Karotte deshalb, weil sein struppiges Fell so orangebraun war wie eine Karotte direkt vom Acker.

Niemand mochte Karotte leiden, weil es nicht stolz und edel aussah wie die anderen Ritterpferde. Außerdem war Karotte störrisch und warf seine Reiter alle ab. Außer Konrad.

Er brachte Karotte oft eine Extraportion Kleiebrot und wenn Konrad die Pferde der

Brüder im Stall versorgte, gab er auch Karotte
zu trinken.

Konrad und Karotte waren gute Freunde.
Sooft es Konrads Zeit erlaubte, übte er auf
Karotte am Waldrand Reitkunststücke. Er
konnte sich im vollen Galopp an Karottes Seite
herabgleiten lassen, unter dem Pferdebauch
durchtauchen und sich an der anderen Seite
wieder in den Sattel hochziehen.

Das waren die Momente, in denen Konrad sich frei und glücklich fühlte.

Sonst bestand sein Leben aus harter Arbeit und aus den Schikanen seiner Brüder. Von morgens bis abends quälten sie Konrad mit Sonderwünschen und verspotteten ihn, weil er klein und schwächlich aussah und das Gesicht voller Sommersprossen hatte.

Konrad hätte sich gerne gegen seine Brüder gewehrt, aber als Page musste er gehorsam sein, sonst konnte er kein Ritter werden. Und das wollte Konrad mehr als alles andere.

Etwas Warmes stupste an Konrads Nacken. Das war Karottes weiche Schnauze. Konrad hatte Karotte gar nicht kommen hören. Er kraulte den weißen Fleck an Karottes Stirn, als Friedrich und Bruno auf ihn zugeritten kamen.

Brunos Beine spreizten sich unter seinem dicken Bauch und er hopste im Takt auf seinem Pferd auf und ab. Friedrich dagegen saß mit stolz geschwellter Brust kerzengerade im Sattel.

„Was machst du für ein Gesicht? Hat dir jemand die Grütze versalzen?", fragte Bruno und gackerte vor Lachen wie ein Huhn.

„Streuselzwerge können eben am Turnier nicht teilnehmen", höhnte Friedrich.

Sein spöttisches Lachen klang wie Pferde-gewieher.

„Blast euch nicht so auf, sonst platzt euch die Rüstung", entgegnete Konrad wütend.

Die Brüder stiegen von ihren Pferden und mühten sich ab, ihre Brustpanzer auszuziehen.

„Steh nicht blöd rum! Komm her und hilf uns!", rief Friedrich.

Sofort half Konrad den Brüdern, die Verschnürungen ihrer Harnische zu lösen.

Das ging Bruno nicht schnell genug und er versetzte Konrad einen Stoß, dass er in eine Schlammpfütze fiel.

„Das wirst du büßen", zischte Konrad. Mit geballten Fäusten stürzte er auf die Brüder zu.

„Fette Zecken! Fiese Wanzen seid ihr!", schrie Konrad.

Aber da saßen die Brüder schon wieder auf ihren Pferden und ritten lachend davon.

Ein echter Teufelsbraten

Die Wut steckte Konrad im Hals wie ein bitterer
Kloß. Er schwang sich auf Karotte und ritt
durch das Burgtor.

Bunt leuchtete Konrad ein Meer aus Zelten,
Fahnen und Bannern entgegen. Auf dem
Turnierplatz vor der Burg hatten die Ritter ihre
runden Zelte aufgestellt. Darin würden sie
morgen ihre Rüstungen anlegen.

Überall ertönte eifriges Hämmern und Klopfen. Knechte und Zimmerleute waren dabei, eine große Zuschauertribüne zu errichten.

Wenn Konrad doch nur an diesem Turnier teilnehmen könnte. Das wäre die Gelegenheit sich Respekt vor seinen Brüdern zu verschaffen. Wenn es Konrad gelänge, seine Brüder auszustechen, würden sie nie mehr auf die Idee kommen, ihn zu verspotten. Das Turnier war Konrads Chance! Nur so konnte er sich gegen die Brüder wehren.

Konrad drückte die Fersen in Karottes Flanken. Sofort jagte das Pferd mit wehender Mähne los.

„Denen werd ich es zeigen!", rief Konrad.

Im gestreckten Galopp machte sich Konrad ganz flach, ließ sich zur Seite gleiten und verschwand unter Karottes Bauch.

Den Knechten stockte der Atem, weil sie dachten, Konrad wäre vom Pferd gestürzt. Als er aber gleich darauf auf der anderen Seite des Pferdes wieder auftauchte und sich in den

Sattel schwang, johlten sie begeistert.

„So ein Teufelsbraten – der gefällt mir!", rief einer von ihnen.

Im Stall rieb Konrad die Pferde der Brüder trocken und bürstete sie.

Draußen war es schon dunkel und gleich würde das Festessen beginnen, das Onkel Gregor für die Teilnehmer des Turniers gab. Da brauchte der Koch Ulrich Konrad in der Küche.

Obwohl er spät dran war, lief Konrad zur Scheune, um Stroh für Karotte zu holen.

Die Scheune lag weit entfernt von den anderen Gebäuden, denn sollte das trockene Stroh einmal Feuer fangen, durfte es nicht die anderen Gebäude der Burg gefährden.

Mit einem großen Strohbündel unterm Arm rannte Konrad zurück zum Stall.

Da hörte er plötzlich Hufschlag hinter sich. Ein riesiger schwarzer Reiter jagte auf schnaubendem Ross direkt auf ihn zu.

Schnell sprang Konrad zur Seite.

Ein Habichtkopf mit krummem Schnabel
zierte den Helm des Ritters. Durch das Visier
funkelten Konrad unheimliche Augen an.
Konrads Atem stockte. Ein schwerer Morgenstern hing klirrend am Gürtel des Reiters.

Genauso schnell, wie der Spuk auftauchte,
war er auch vorüber. Wolken verhüllten den
Mond und die schwarze Gestalt verschwand.

Das musste der Schwarze Ritter gewesen

sein, den alle wegen seiner Grausamkeit fürchteten. Konrads Vater hatte erzählt, dass der Schwarze Ritter einmal mit seinem Morgenstern ganz allein ein Heer von zwanzig Rittern niedergeschlagen hatte. Gegen diesen Teufel würde beim Turnier keiner eine Chance haben. Da war Konrad ganz sicher.

Küchendienst

In der Küche wurde bereits fieberhaft gearbeitet: Fasane wurden gerupft, Fische geschuppt und Brotteig wurde geknetet. Ulrich drehte an der Kurbel des Bratspießes, an dem ein ganzer Ochse brutzelte. Sein Gesicht war tiefrot vor Anstrengung.

„Wo treibst du dich herum? Die Herrschaften warten!", rief er Konrad zu und – hoppla –

schleuderte er sein langes Messer über den Küchentisch. Es bohrte sich genau vor Konrad in die Tischplatte.

Konrad lachte. Allabendlich begrüßte Ulrich ihn mit diesem Kunststück.

Ulrich war früher Waffenknecht gewesen und ein hervorragender Bogenschütze dazu. Er war viele Male mit Onkel Gregor in die Schlacht geritten, bis er sein linkes Auge verlor. Ulrichs Pfeile verfehlten ab dieser Zeit ihr Ziel, wenn es weit entfernt war. So wurde Ulrich, der immer schon gern aß und trank, Onkel Gregors Leibkoch.

Ulrich war der Einzige auf der Burg, den Konrad mochte und dem er vertraute. Wie man Brot backte, zeigte er Konrad und wie man richtig mit Pfeil und Bogen umging. Das Schönste aber war, dass man mit Ulrich über alles reden konnte.

Konrad half dem Küchenjungen, den Weidenkorb mit Brotscheiben zu füllen.

Ulrich legte ihm seine Hand auf die Schulter.

„Was ist denn los mit dir? Haben Friedrich und Bruno dich wieder verspottet?"

„Ich wäre beinahe umgeritten worden", antwortete Konrad, „vom Schwarzen Ritter!"

Konrad war es mulmig bei dem Gedanken an den schwarzen Riesen. Ulrich schob Konrad vor den Wasserbottich.

„Wasch dich mal, sonst kriegen die da oben am Ende noch Angst vor dir."

Während Konrad sich wusch, klopfte Ulrich

ihm den Schmutz aus den Kleidern. Konrad betrachtete sein Gesicht im Wasserspiegel. Warum musste er nur diese blöden Sommersprossen haben? Als ob es für Friedrich und Bruno nicht schon genug Anlässe gab, ihn zu verspotten.

Plötzlich, ohne dass er es wollte, platzte es aus Konrad heraus: „Ich muss am Turnier teilnehmen. Nur so kann ich mich gegen Friedrich und Bruno wehren."

Ulrich erschrak. „Ich weiß, wie gut du reiten kannst", sagte er. „Mit viel Glück könntest du gegen deine Brüder gewinnen. Aber denk an den Schwarzen Ritter! Wenn du an den gerätst, bist du verloren. Der kennt keine Gnade!"

Konrad warf die restlichen Brotstücke in den Korb. „Ich will doch nicht gewinnen, sondern nur zeigen, was sich kann."

„Kommt nicht in Frage", brauste Ulrich auf, „das Turnier würde dich dein Leben kosten. Bring jetzt das Brot hinüber."

Missgeschick beim Festgelage

Der Rittersaal war festlich mit den Wappen der
Ritter geschmückt, die am Turnier teilnehmen
wollten. Das Fleisch stand bereits auf dem
Tisch und alle warteten noch auf das Brot.

„Na endlich, her damit!" Gierig grabschten
schmutzige Hände in Konrads Brotkorb.
Etlichen fehlten ein paar Finger, die hatten sich
die Ritter beim Fechten abgeschlagen.

Schmatzend unterhielten sich die Männer darüber, wer das Turnier wohl gewinnen würde. Nur zwei kamen als Sieger in Frage: Ritter Greifenklau oder der Schwarze Ritter.

Konrad sog neugierig jedes Wort auf, das die Ritter sprachen. Einige munkelten, dass der Schwarze Ritter verletzt oder krank war, weil er nicht am Festessen teilnahm. Andere wussten, dass er niemals am Abend vor dem Turnier Wein trank, weil er einen klaren Kopf behalten wollte. Man überbot sich in Besserwissereien. Überall gab es raues Gelächter und laute Flüche.

„He, mehr Wein!" Eine Faust mit schwarzen Haaren am Handrücken stieß Konrad den leeren Tonkrug in die Seite.

Konrad blickte erschrocken in ein pockennarbiges Gesicht. Oben und unten fehlten dem Ritter drei Zähne im Mund.

„Beweg dich, Zwerg!", brüllte er.

Konrad nahm den Krug und lief hastig in Richtung Weinfass. Da geschah es.

Konrad stolperte über ein ausgestrecktes Bein
und fiel zu Boden. Der Krug zerbrach in
hundert Scherben.

Konrad richtete sich auf. Er hörte Lachen wie
Pferdewiehern und Hühnergegacker. Er musste
gar nicht erst hinsehen, um herauszufinden,
wer ihm ein Bein gestellt hatte.

Der Mundschenk half ihm hoch.

„Kannst von Glück reden, dass Ritter
Greifenklaus Krug leer war. Beim Wein versteht

er keinen Spaß! Du ungeschickter Dummkopf!"

Konrad rieb sich das Knie. „Das war doch nicht meine Schuld."

Der Mundschenk gab Konrad neuen Wein. „Egal! Bring geschwind den Krug hinüber."

Konrad überbrachte den Becher. Greifenklau trank ihn einem Zug leer und rülpste. Jetzt wollte auch Greifenklaus Tischnachbar Wein. Doch Greifenklau schlug den Becher weg.

„Du hast schon genug, Saufnase. Jetzt sind die Damen dran! Los Bursche, zeig was du in der Pagenschule gelernt hast!", grölte er.

Konrad lief eilig an die Stirnseite der Tafel. Dort saßen Onkel Gregor, Tante Gerhild und Konrads Cousinen Karoline und Elsbeth und natürlich auch Friedrich und Bruno. Konrad machte eine Verbeugung und schenkte seiner Tante Wein nach.

Sie lächelte Konrad süßsauer an. „Na Konrad, bist du stolz auf Friedrich? Wenn er morgen beim Turnier glänzt, wird er Elsbeth heiraten, nicht wahr?"

Elsbeth wurde rot und sah weg. Sie hatte offensichtlich keine Lust auf eine Heirat mit Friedrich. Aber sie musste sich wohl fügen.

Konrad goss Elsbeth Wein nach. Bruno stieß an Konrads Arm, so dass er den Wein über Elsbeths Kleid und Tante Gerhilds Haar kippte.

Die Damen sprangen hoch und kreischten: „So ein Tölpel! Mein Kleid! Meine Frisur!"

Als die Ritter sahen, was passiert war, fingen alle an zu lachen.

„Was für einen Tollpatsch von Pagen hat
Ritter von Falkenstein da in seinen Diensten?"

Onkel Gregor lief rot an und explodierte:
„Ungeschickter Zwerg! Schande bringst du
über mein Haus. Niemals wirst du auf meiner
Burg Ritter werden, verstanden? Niemals!"

Konrad wurde bleich. „Mein Herr, bitte, das
dürft Ihr nicht! Ich habe keine Schuld."

Onkel Gregor sprang auf und packte Konrad
am Kragen: „Willst du mir sagen, was ich zu
tun habe? Raus jetzt, Streuselzwerg!"

Friedrich und Bruno schlugen sich auf die
Schenkel vor Lachen.

Da stand Karoline auf und schrie die Brüder
an: „Schämen solltet ihr euch. Zwei gegen
einen. Das nennt ihr Ritterehre?"

Konrad staunte. So wütend hatte er seine
Cousine noch nie erlebt.

Doch Friedrich und Bruno wieherten und
gackerten noch lauter als zuvor.

Onkel Gregor brüllte Konrad an: „Geh jetzt
und lass dich hier nie wieder blicken."

Unerwartete Verbündete

Konrad ging zu Karotte in den Stall und weinte.
Auf Falkenstein konnte er nach dem Rauswurf
nicht bleiben. Zurück nach Hause konnte er
auch nicht. Sein Vater würde ihn davonjagen,
weil er im Pagendienst versagt hatte. Konrad
schluchzte laut auf. Karotte stupste ihn mit
seiner Schnauze an und schnaubte. Konrad
setzte sich hin und umarmte Karottes Hals.

„Ach du, mein Lieber."

Mit einem Mal war Konrad ganz klar, was er zu tun hatte. Er würde Karotte satteln und einfach davonreiten. Im nächsten Dorf konnte Konrad sicher bei einem Bauern Arbeit und Unterkunft finden. Oder er ritt weiter bis in die Stadt. Egal wohin, – Hauptsache niemand kannte ihn oder machte sich über ihn lustig.

Konrad schwang den schweren Sattel über Karottes Rücken. Karotte scharrte mit dem Vorderhuf und freute sich, dass es mitten in der Nacht noch losgehen sollte.

Da fiel Konrad ein, dass er sich noch von Ulrich verabschieden musste. Schließlich war er sein bester Freund. Konrad beschloss, schnell zur Küche hinüber zu laufen.

Plötzlich hörte er Schritte. Da schlich jemand um den Stall! Quietschend öffnete sich das Tor. Ein Lichtschein fiel herein.

Konrad konnte nicht erkennen, wer der Besucher war. Vielleicht der Schwarze Ritter, der nach seinem Pferd sehen wollte?

Egal wer da kam, Konrad würde sich von
keinem aufhalten lassen. Geschickt schwang
er sich an einem Querbalken hoch und
versteckte sich hinter einem Mauervorsprung.

Die Gestalt blieb stehen und schaute sich
um. Im Mondlicht konnte Konrad ihre Umrisse
erkennen. Der Schwarze Ritter war es nicht.
Vielleicht Bruno? Der sollte was erleben!

Mit einem wilden Aufschrei warf Konrad sich
auf ihn. Sofort ging Bruno zu Boden und

Konrad boxte auf ihn ein. Aber komisch! Das war doch nicht Brunos Fettwanst.

„Aua! Spinnst du?", fauchte eine Stimme. „Lass mich sofort los!" Die Stimme gehörte eindeutig Konrads Cousine Karoline. „Ich suche dich überall. Als du bei Ulrich nicht warst, dachte ich, dass du hier bist."

„Was willst du?", fragte Konrad.

„Ich komme mit", erklärte Karoline. „Ich weiß, was du vorhast. Ich will nicht allein auf Falkenstein bleiben unter diesen Tunichtguten! Am Ende kommt mein Vater auf die Idee, mich mit Bruno zu verheiraten. Dann blüht mir das gleiche Schicksal wie Elsbeth."

Konrad verstand gar nichts mehr. Er hatte immer geglaubt, Karoline wäre eine brave und gehorsame Tochter.

„Ich finde es erbärmlich wie deine Brüder dich behandeln", fuhr Karoline fort. „Mein Vater hält sie für tolle Kerle, dabei sind sie dumm wie Stroh und feige dazu. Ich werde jedenfalls nicht Brunos Frau."

Konrad gefiel es, wie Karoline sprach. Sie war mutig und sicher eine gute Reisegefährtin.

„Einverstanden!", sagte er. „Du kannst mitkommen. Aber vorher muss ich mich von Ulrich verabschieden."

Glücklich drückte Karoline Konrad an sich. Dem blieb dabei die Luft weg. Karolines Gesicht war jetzt ganz nahe an dem von Konrad. Und da sah Konrad sie im Mondlicht – kleine Punkte auf der Nase und überall im Gesicht. Karoline hatte Sommersprossen! Genau wie er. Konrad spürte einen kleinen Stich in seinem Herzen. Für einen Moment wusste er gar nicht, wo und wer er war und was er gerade sagen wollte. Konrad holte tief Luft. Dann sagte er einfach: „Also los!"

Ein nächtlicher Plan

Wie zwei Wiesel rannten Konrad und Karoline
über den Burghof zur Küche.

Konrad stieß die Tür auf. Das Feuer war
heruntergebrannt und außer Ulrich war
niemand mehr da. Alle waren im Rittersaal, um
die Gäste zu bewirten.

„Ich habe gehört, was passiert ist", sagte
Ulrich. „Du musst zurück nach Wasserburg."

Konrad hätte Ulrich zu gern die Wahrheit über seinen Fluchtplan gesagt. Doch würde Ulrich davon nur das Geringste ahnen, wäre es seine Pflicht, Alarm zu schlagen und Onkel Gregor Bescheid zu sagen.

„Ich schreibe gleich morgen meinem Vater, damit er mich abholt", log Konrad.

Aus dem Augenwinkel beobachtete er, wie Karoline heimlich die restlichen Brote in ihren Lederbeutel gleiten ließ.

„Ich werde dich sehr vermissen, mein lieber Freund", sagte Ulrich und umarmte Konrad herzlich.

„Am besten gehen wir jetzt schlafen", sagte Karoline und ging zur Tür. Da packte sie Ulrichs linke Hand an der Schulter.

„Würde mir das Fräulein erklären, was es mit meinen Broten vorhat?"

„Ich ... ähm …, habe nachts immer Bauch-schmerzen", stammelte Karoline, „und Brot ist furchtbar gut dagegen." Sie warf Ulrich einen unschuldigen Blick zu.

„Wenn du meinst!", lachte Ulrich. „Soll ich dir
mal sagen, was ich glaube? Ich glaube, dass
das eine furchtbar große Lüge ist und die Brote
gegen den Hunger sind. Gegen den Hunger
während eines langen Ritts auf einem Pferd
namens Karotte. Und wisst ihr, was ich noch
glaube?" Ulrichs rechte Hand packte Konrad
an der Schulter. „Ich glaube, dass ihr diesen
Ausflug schön bleiben lassen werdet."

„Wie hat Ulrich mit einem Auge das bloß sehen können?", wunderte sich Konrad.

„Ich sehe mit einem Auge zwar nur halb so viel, aber dafür doppelt so scharf", sagte Ulrich, als hätte er Konrads Gedanken erraten.

„Ich kann nicht zu meinem Vater. Er wird mich fortjagen, weil ich Onkel Gregor Schande gemacht habe", erklärte Konrad.

Ulrich runzelte die Stirn.

„Es stimmt, was Konrad sagt", schaltete Karoline sich ein. „Sein Vater ist genau so ungerecht wie meiner."

„Aber ich darf euch nicht gehen lassen. Ritter Gregor wird mir den Kopf abschlagen, wenn er erfährt, dass ich eure Flucht nicht verhindert habe", sagte Ulrich.

Karoline und Konrad schauten sich entsetzt an. Natürlich wollten sie nicht, dass Ulrich etwas so Furchtbares geschah.

Ulrich ging nervös in der Küche auf und ab. „Ich würde euch ja gerne helfen. Wenn ich nur wüsste wie!"

„Das Turnier!", platzte Konrad heraus.

„Du willst am Turnier teilnehmen?" Karolines Augen funkelten begeistert.

„Das hat nichts mit Mut zu tun, wenn Konrad gegen den Schwarzen Ritter kämpfen muss. Das wäre pure Dummheit!", zischte Ulrich.

Karoline neigte den Kopf zur Seite. „Alle sagen, Ihr wärt ein erfahrener Kämpfer. Da müsstet Ihr doch Listen kennen, mit denen man stärkere Gegner besiegen kann."

„Natürlich kenne ich solche Listen!"

„Dann verratet sie Konrad und helft uns. Er muss ja nicht gewinnen. Wichtig ist nur, dass er nicht verletzt wird", sagte Karoline und lächelte Konrad an.

Das verursachte abermals einen komischen Stich in seinem Herzen.

„Vor allem braucht er einen Helm und einen leichten Schild." Schnaufend zog Ulrich eine

große Truhe unter dem Küchentisch hervor und öffnete sie. Ein Harnisch aus seiner Jugendzeit, ein altmodischer Spitzhelm mit Visier und ein runder Schild mit rotem Kreis befanden sich darin.

Ulrich hielt Konrad den Harnisch an und Karoline setzte ihm den Helm auf. Der Harnisch passte, wenn man ihn sehr eng schnürte, aber der Helm war etwas zu groß.

Karoline überlegte. „Beim Waffenschmied brennt noch Licht. Wenn ich ihm sage, dass es für einen Knappen meines Vaters ist, wird er den Helm bis morgen passend machen."

Ulrich lächelte. Karolines praktische Art schien ihm zu gefallen.

Wilde Pferde

Konrad sattelte Karotte ab und legte sich nebenan ins Stroh. Es war nicht so einfach gewesen, den Waffenschmied zu überreden, den Helm kleiner zu machen. Kurz vor dem Turnier kamen alle Ritter mit Sonderwünschen, die ganz schnell erledigt werden mussten. Beulen sollten aus Helmen geklopft und Kettenhemden rasch geflickt werden. Viele brauchten hier noch ein neues Scharnier und dort eine Ellenbogenklappe.

Erst, als Karoline dem Schmied ihren kostbaren Goldring mit dem Smaragd gab, war er bereit, Konrads Helm zu ändern.

Beim Abschied hatte Ulrich Konrad ein kleines Stoffsäckchen zugesteckt und ihm aufgetragen, die Pferde der Brüder morgens mit dessen Inhalt zu füttern.

Konrad drehte sich zur Seite. Er musste schnell einschlafen, wenn er bei Tagesanbruch in der Scheune sein wollte.

Ulrich musste ihm noch Tricks sagen, wie er gegen seine Brüder gewinnen und sich gegen erfahrene Gegner schadlos halten konnte.

Karoline wollte auch kommen, um Konrad dabei zu helfen die Rüstung anzulegen.

„Karoline ist wirklich ein tolles Mädchen", dachte Konrad und schlief ein.

Er träumte schlecht. Zwei schwarze Drachen verfolgten ihn durch einen Wald und trieben ihn in die Enge. Konrad bewarf sie mit Steinen.

41

Die Drachen lachten nur darüber. Der eine
wieherte dabei wie ein Pferd und der andere
gackerte wie ein Huhn.

Konrad wachte auf. Er zitterte am ganzen
Leib und war in Schweiß gebadet. Neugierig
guckte Karotte Konrad von oben an und drehte
die Ohren vor und zurück.

Konrad sprang auf die Beine. Stallmeister
und Knechte waren bereits dabei, die Pferde
für das Turnier zu striegeln und zu bürsten.

Sofort machte sich Konrad daran, die Pferde
seiner Brüder zu versorgen. Dann gab er
beiden eine ordentliche Portion von den hell-
braunen Körnern aus Ulrichs Säckchen.

Die Körner schmeckten den Pferden. Sie
kratzten mit den Hufen, weil sie noch mehr
wollten. Also bekamen sie noch eine Portion.

Da kam Friedrich in den Stall stolziert. Er
trug sein neues grünes Samtwams und hatte
sein schwarzes Haar mit Schafstalg gebürstet,
damit es ordentlich glänzte.

„Na, Streuselzwerg, alles fertig?" Friedrich

zog einen langen Halm aus dem Stroh und
klemmte ihn zwischen die Zähne. „Wenigstens
kannst du an deinem letzten Tag auf Falkenstein noch was erleben. Ich zeig dir Zwerg
nämlich heute, wie man ein Turnier gewinnt.
Und die Hand der reizenden Elsbeth dazu."

Friedrich boxte Konrad gegen die Brust und
spuckte den Strohhalm aus.

„Ich bin sicher, du gewinnst", sagte Konrad.
„Klar, wer denn sonst", prahlte Friedrich.

Er nahm sein Pferd am Zügel. Doch kaum hatte Friedrich diese angefasst, bäumte sich das Pferd wiehernd auf, als wäre es von einer Hornisse gestochen worden. Friedrich wich erschrocken zurück.

„Hooh, hooh!", machte Konrad und beruhigte das Ross. „Keine Bange. Sicher hat es nur schlecht geschlafen."

Zornig fegte Friedrich Konrad die Pagenmütze vom Kopf. „Vorsicht, Streuselzwerg, sonst wirst du gleich Bange bekommen." Stolz reckte Friedrich seine Brust.

„Ich, Friedrich, bin ein Ritter ohne Furcht und Bange."

„Furcht und Tadel heißt das doch", dachte Konrad, aber er ersparte es sich, seinem dummen Bruder das zu erklären.

Draußen wartete Bruno. Er machte ein verkniffenes Gesicht unter seinem neuen Helm.

„Ich wünsch dir Glück, mein Bruder", heuchelte Konrad und half Bruno aufs Pferd.

Bruno hatte den Brustpanzer wieder extra eng geschnürt und deshalb seine liebe Not, genügend Luft zu bekommen. Er schnaufte, als er im Sattel saß.

„Die Grütze heute morgen hätte ich lieber nicht essen sollen. Aber egal. Mir reicht der zweite Platz. Dann werde ich bei Onkel Gregor um Karolines Hand anhalten. Sie ist zwar noch ein bisschen jung, aber in ein paar Jahren ist sie genau richtig." Bruno gackerte.

45

Plötzlich pupste er laut. Es stank erbärmlich. Erschrocken blickte sich Bruno nach allen Richtungen um. Dann tat er so, als sei er es nicht gewesen und ritt hinter Friedrich zum Burgtor.

„Niemals wirst du Karolines Hand gewinnen!", dachte Konrad grimmig. Dann machte er sich mit Karotte auf zur Scheune.

Letzte Vorbereitungen

Vom Turnierplatz hörte man schon die ersten
Fanfaren der Herolde.

Ulrich hatte die einzelnen Teile der Rüstung
auf dem Boden ausgebreitet.

Karoline war mit ernster Miene dabei zu
prüfen, ob nichts fehlte. Sie trug ein dunkel-
rotes Samtkleid und einen Umhang aus
duftigem Seidengewebe. Konrad staunte.

„Ich weiß, ich sehe albern aus in der Auf-
machung. Aber ein Turnier ist eben ein
wichtiger Anlass. Jetzt halte keine Maulaffen
feil, sondern zieh dich an." Karoline hielt
Konrad den Brustpanzer hin.

Konrad fand, dass Karoline in ihrem Samtkleid ganz wunderbar aussah.

Ulrich zwinkerte ihm mit seinem heilen Auge
zu und setzte ihm den Helm auf den Kopf. „Ich
habe die Helmspitze verlängern lassen, damit

du etwas größer aussiehst", erklärte er und zog spaßeshalber an der Spitze. Da machte es „Pling" – und er hielt die Spitze in der Hand.

„Schlechte Arbeit", ärgerte sich Karoline.

„Kein Problem", lachte Ulrich und steckte die Spitze wieder am Helm fest. Sie saß zwar etwas schief, aber Konrad erweckte trotzdem den Eindruck eines erwachsenen Ritters.

Konrad befühlte die wacklige Helmspitze. Sie piekste.

„Welche Körner hast du mir für die Pferde gegeben?", wollte Konrad wissen. „Friedrichs Pferd gebärdete sich wie wild."

„Hafer", lachte Ulrich. „Das ist Teil eins meines Plans. Pferde lieben Hafer, weil er ihnen Kraft gibt. Aber wenn sie zu viel davon fressen, sind die nicht zu bändigen."

Karoline klatschte vor Begeisterung in die Hände. „Deine Brüder werden ihr blaues Wunder erleben!", lachte sie. „Außerdem hat Ulrich Bruno dicke Bohnen in den Grützbrei gemischt. Das gibt eine ordentliche Pupserei."

„Deshalb hat er so verkniffen geguckt",
grinste Konrad.

Ulrich zog Konrad zu sich heran. „Trotzdem
darfst du nicht leichtsinnig sein und deine
Brüder unterschätzen", sagte er ernst. „Sie
sind geübt im Umgang mit der Lanze. Du nicht!
Sieh her, so musst du dir die Lanze unter dem
Oberarm festklemmen. Sie darf nicht nach
oben oder unten kippen, sondern muss immer
gerade ausgerichtet sein."

Konrad nickte.

„Jetzt das Wichtigste!", fuhr Ulrich fort,
„Vergiss nie, dass Wut und Ungeduld den
stärksten Ritter im Kampf schwach und
angreifbar machen. Bleib also selbst ruhig und
nütze diese Schwachstellen bei deinen
Gegnern. Bruno hat Bauchgrimmen und wird
ungeduldig versuchen, den Kampf schnell
hinter sich zu bringen. Wenn es dir dazu noch
gelingt, ihn zu reizen, hast du viel gewonnen.
Wut macht ihn blind."

Auch Karoline hörte Ulrich aufmerksam zu.

„Und wenn er nun gegen einen erfahrenen
Ritter kämpfen muss?", wollte sie wissen.
Ulrich setzte seine Ratschläge fort.

„Versuche erst gar nicht zu gewinnen. Das
könnte dich das Leben kosten. Von außen
kann man nicht erkennen, ob ein Erwachsener
oder ein Junge in einer Rüstung steckt.

Jeder Ritter wird dich für seinesgleichen
halten. Erwarte weder Schonung noch Gnade,
verstanden?"

Konrad nickte und stieg aufs Pferd.

Ulrich klopfte Konrad auf den Oberschenkel.
„Mach es gut, mein Junge und schlag dich
wacker."

Konrad umarmte Ulrich. Dann winkte er
Karoline zu und ritt durch das Scheunentor.

Es wird ernst

Vor den Waffenzelten halfen Knappen und
Pagen ihren Herren in die Rüstungen und
prüften mit geübten Handgriffen, ob alles
richtig fest saß. Die frisch polierten Helme und
Schilde strahlten in der Sonne.

Gegenüber der festlich geschmückten
Tribüne hatte der Herold im Schatten einer
alten Linde sein Schreibpult errichtet.

Ein Fanfarenstoß forderte zur Anmeldung zum Turnier auf.

Konrad ritt auf das Pult zu. Da hörte er donnernde Hufschläge und Waffengeklirr hinter sich. Ein riesiger Schatten legte sich über Konrad und für einen Moment war es ihm, als ob die Sonne sich verdunkelte.

Wie ein heftiger Sturm jagte der Schwarze Ritter mit wehendem Waffenrock an Konrad vorbei. Er knallte im Vorbeireiten einfach mit

seiner Eisenfaust auf das Pult des Herolds. Damit war klar, dass der Schwarze Ritter sich zum Turnier angemeldet hatte.

Der Herold starrte dem Schwarzen Ritter erschrocken nach. Dann warf er einen skeptischen Blick auf Konrad in seiner merkwürdigen Rüstung. Der Brustpanzer saß etwas locker und die Helmspitze war immer noch leicht schief.

„Stanislaus von Streuselhausen", sagte Konrad und dabei ließ er seine Stimme so tief wie möglich klingen, was unter dem hohlen Helm überraschend einfach war.

„Aha!", sagte der Herold. „Euer Wappen?"

Konrad hob den Schild und zeigte den roten Kreis. Der Herold malte umständlich einen roten Kreis neben Konrads Namen in die Teilnehmerliste.

Tante, Onkel und Elsbeth hatten schon in der Ehrenloge Platz genommen und sahen dem bunten Treiben zu. Onkel Gregor trommelte ungeduldig mit den Fingern auf die Balustrade.

Um zu verhindern, dass der Herold unliebsame Fragen stellte, tönte Konrad unter seinem Helm: „Ritter Gregor wartet schon!"

Der Herold lief hinüber zur Tribüne, vor der bereits alle Ritter und Knappen auf ihren Pferden Aufstellung genommen hatten. Der Herold las ihre Namen vor und dann noch die Regeln des Turniers.

„Schluss mit dem Gelaber! Ich will endlich anfangen!", brüllte Ritter Greifenklau.

„Genau! Wir wollen was sehen!", grölte das Gesinde, das zu beiden Seiten der Tribüne das Spektakel im Stehen mitverfolgte.

Ein Fanfarenstoß erklang und der Herold las die Teilnehmer der ersten Runde vor:

„Stanislaus von Streuselhausen gegen Bruno von der Wasserburg!"

Darauf hatte Konrad gehofft. Trotzdem war ihm sehr mulmig zu Mute, als ihm ein Page die Turnierlanze reichte.

Konrad und Bruno ritten vor die Ehrenloge.

In diesem Moment stürmte Karoline die Treppe hoch und setzte sich schnell auf ihren Platz.

„Wo bleibst du wieder?", fauchte Onkel Gregor. „Los, dein Taschentuch!"

Karoline zog ein rosa Taschentuch aus dem Ärmel und hielt es hoch.

„Wirf es Bruno zu!", befahl ihr Onkel Gregor.

Karoline lächelte und warf das Tuch hoch. Ein Windstoß erfasste es und wehte es in Brunos Richtung. Er versuchte es mit seiner Lanze zu angeln.

Aber Konrad war schneller und schnappte es ihm einfach vor der Nase weg.

Ritter Gregor sprang empört hoch. Karoline zuckte unschuldig mit den Schultern. Die Zuschauer johlten vor Vergnügen.

Konrad steckte sich Karolines Taschentuch oben in den Brustpanzer und ritt zur Ausgangsposition. Bruno nahm in weitem Abstand direkt gegenüber Aufstellung.

Stanislaus von Streuselhausen

Auf ein Zeichen gaben Konrad und Bruno ihren
Pferden die Sporen und rasten in wildem
Galopp aufeinander zu. Die Lanzen waren
gefährlich gegeneinander gerichtet. Doch die
ersten Lanzenstöße gingen ins Leere und das
Publikum buhte enttäuscht.

Konrads Arm schmerzte. Er hatte das
Gewicht der Lanze unterschätzt.

„Lange werde ich die schwere Lanze nicht
mehr gerade halten, geschweige denn damit
treffen können", dachte er bei sich.

Konrad wendete Karotte und legte die Lanze
erschöpft auf dem Sattel ab.

„Mach schon, oder willst du da drüben
übernachten?", rief Bruno herüber. Er ruckelte
ungeduldig im Sattel hin und her. Ihm war
anzusehen, dass er Bauchschmerzen hatte
und den Kampf so schnell wie möglich hinter
sich bringen wollte.

„Eile und Wut, tun im Kampf nicht gut",

erinnerte sich Konrad. Er beschloss, Bruno
ein bisschen in Fahrt zu bringen. „He, du
pupsender Fettsack! Pass auf, dass dir nicht
der Harnisch platzt!", rief er Bruno zu.

Das Publikum lachte.

Sofort erkannte Bruno Konrads Stimme.

„Na warte, Streuselzwerg!", rief er und gab
seinem Pferd in blinder Wut die Sporen.

Als Bruno knapp vor ihm war, schob Konrad
seine Lanze über die von Bruno.

Er drückte sie mit einem Ruck nach unten.
Augenblicklich rammte sich Brunos Lanzen-
spitze in den Boden und Bruno wurde am
anderen Ende der Lanze in hohem Bogen vom
Pferd katapultiert. Scheppernd landete er auf
der Ehrentribüne, wo ihm ein laut tönender
Furz entfuhr. Tante Gerhild und Onkel Gregor
schauten einander erschrocken an. Das
Publikum jubelte vor Vergnügen und Karoline
klatschte begeistert in die Hände.

Gegenüber entdeckte Konrad Ulrich unter den Zuschauern. Auch er jubelte.

Nach einer kurzen Verschnaufpause ging es für Konrad in die zweite Runde. Friedrich, der in seinem ersten Kampf gegen einen jungen Ritter gewonnen hatte, war sein Gegner.

Jetzt ging es aufs Ganze! Schon galoppierte Friedrich auf ihn zu.

Konrad konnte Friedrichs Lanze nicht im richtigen Moment ausweichen. Sein Bruder stieß ihn mit solcher Wucht in den Arm, dass Konrad das Gleichgewicht verlor und aus dem Sattel glitt. Karotte machte rasch ein paar Seitwärtsschritte, um Konrad abzufangen.

Gerade als sich Konrad mit großer Mühe wieder in den Sattel hochgezogen hatte, entglitt ihm die Lanze und landete im Sand. Konrad rieb sich den Oberarm. Er trug ja kein Kettenhemd und die Stelle schmerzte höllisch.

„Noch so ein Stoß und das Turnier ist für mich vorbei", dachte er.

Ulrich reichte ihm eine neue Lanze.

„Halt auf sein Pferd zu", flüsterte er.

„Ich kann nicht mehr", gab Konrad zurück.
Vor Schmerzen konnte er die Lanze kaum
gerade halten.

„Du musst es versuchen!" Ulrich gab Karotte
einen Klaps und das Pferd raste los.

Friedrich hatte seine Lanze fest im Griff und
visierte Konrad damit an.

Der versuchte mit aller Kraft, seine Lanze
gerade zu halten, aber es gelang ihm nicht.
Konrad konnte schon fast das Schafsfett in
Friedrichs Haar riechen. Gleich würde ihn
Friedrich vom Pferd stoßen. Mit einem Aufschrei riss Konrad die Lanze hoch. Zwar traf
er Friedrich damit nicht, doch dessen Pferd
erschrak so heftig, dass es sich aufbäumte
und mit den Vorderhufen wirbelte.

Friedrich zog hitzig am Zügel und gab dem
Pferd die Sporen. Jetzt tat der Hafer sein
Übriges. Friedrichs Pferd bockte heftig und
schleuderte abwechselnd die Vorder- und

Hinterhufe in die Luft. Trotzdem er die Zügel
fest umklammerte, wurde Friedrich aus dem
Sattel geschleudert.

Das Publikum johlte und pfiff vor Vergnügen.
Onkel Gregor war entsetzt. Ausgeschlossen,
dass dieser ungeschickte Reiter sein
Schwiegersohn werden konnte! Elsbeth
lächelte erleichtert.

Konrad ritt erschöpft an den Rand des
Turnierplatzes, wo Ulrich auf ihn wartete.

Er war äußerst zufrieden mit Konrad, aber auch sehr um seine Gesundheit besorgt.

Nun würde Konrad gegen einen erfahrenen Ritter kämpfen müssen. Hoffentlich würde das gut gehen und hoffentlich war es nicht Greifenklau oder gar der Schwarze Ritter.

Konrads Verletzung schmerzte immer mehr. Er stöhnte laut auf, als Ulrich seinen Oberarm untersuchte. Der war ganz grün und rot angelaufen.

Karoline blickte voll Mitleid zu Konrad.

Onkel Gregor äugte argwöhnisch zu dem komischen Ritter Stanislaus hinüber, der nicht einmal in der Kampfpause seinen Helm abnahm. Zum Glück ging das Turnier weiter, bevor er Karotte als sein Botenpferd erkannte.

Auf Leben und Tod

Etliche Lanzen und Knochen wurden in den folgenden Kämpfen gebrochen. Trotzdem gab es keine ernsthaften Verletzungen.

Am Ende standen sich als Sieger aus allen Kämpfen Greifenklau und der Schwarze Ritter gegenüber. Der Zweikampf war grausam und erbarmungslos. Der Schwarze Ritter hob Greifenklau beim dritten Stoß aus dem Sattel.

Als Greifenklau wieder aufstehen wollte, versetzte ihm der Schwarze Ritter mit dem Morgenstern einen Schlag auf den Kopf. Greifenklaus Helm verkeilte sich dabei so fest in der Halsöffnung seines Brustpanzers, dass er ihn nicht mehr abnehmen konnte. Der Waffenschmied bog den Brustpanzer mit der Zange auf. Erst dann bekam Greifenklau seinen Helm wieder vom Kopf.

Schon freuten sich alle, die auf den Sieg des Schwarzen Ritters gewettet hatten. Streuselhausen würde gegen den Schwarzen Ritter nicht die geringste Chance haben.

Zum letzten Mal wurden die Fanfaren geblasen. Konrad zitterten die Knie.

„Weich seinen Hieben und Stichen aus, so gut du kannst. Sonst bist du verloren", gab Ulrich ihm mit auf den Weg.

Konrad und der Schwarze Ritter standen sich mit ausgerichteten Lanzen gegenüber. Das Publikum wartete gespannt. Keiner wagte zu atmen. Dann wurde das Zeichen gegeben und die Pferde galoppierten los.

Konrads Arm tat so weh, dass er die Lanze nicht länger halten konnte.

„Nicht zustechen, ausweichen", sagte Ulrich. Also ließ Konrad einfach seine Lanze fallen und glitt seitwärts an Karotte herunter. Die Lanze des Schwarzen Ritters stach ins Leere.

Das Publikum brüllte begeistert. Verdutzt drehte sich der Schwarze Ritter im Galopp um.

Er sah, wie Konrad unter Karottes Bauch verschwand und gleich darauf auf der anderen Seite wieder hochkam.

Wütend warf der Schwarze Ritter seine Lanze ebenfalls von sich und zog den Morgenstern aus dem Gürtel.

Karoline schlug die Hände vors Gesicht. Wenn er Konrad damit traf, war es vorbei.

Den Morgenstern schwingend ritt der Schwarze Ritter auf Konrad zu.

Konrad tropfte der Angstschweiß in die Augen. Im Galopp klappte Konrad sein Visier hoch, zog Karolines Tuch aus dem Panzer und wischte sich damit das Gesicht ab.

Schon holte der Schwarze Ritter mit seiner gefährlichen Waffe aus.

Im Reflex warf Konrad das Tuch hoch. Wieder wurde es von einem Windstoß erfasst. Es hüllte den Helm des Schwarzen Ritters ganz und gar ein. Sein Morgenstern sauste herunter – und verfehlte Konrad knapp.

Karotte war rechtzeitig zur Seite gesprungen.

Der Schwarze Ritter fuchtelte wild mit den
Armen und versuchte das Tuch vom Helm zu
ziehen. Aber der feine Stoff entglitt immer
wieder seinen dicken Eisenhandschuhen.
Dabei trabte das Pferd des Ritters führerlos auf
die große Linde gegenüber der Tribüne zu.

Als Konrad das sah, hatte er eine Idee. Er
zog die lose Spitze seines Helms ab und
drückte Karotte die Fersen in die Flanken.

Konrad raste auf den Schwarzen Ritter zu und stach mit der Helmspitze seinem Pferd ins Hinterteil.

Augenblicklich tat es einen Satz nach vorne und galoppierte los. In diesem Moment bekam der Schwarze Ritter Karolines Tuch zu fassen und zog es vom Helm. Aber zu spät! Schon sauste sein Pferd unter den tiefen Ästen der Linde durch und der Schwarze Ritter wurde mit einem dumpfen Schlag vom Pferd gefegt.

Krachend fiel er zu Boden und bewegte sich nicht mehr.

Am Turnierplatz war es vollkommen still. Mehrere Knappen eilten mit Eimern herbei und kippten dem Schwarzen Ritter kaltes Wasser ins aufgeklappte Visier.

Nur langsam kam der Ritter zu sich. Er schüttelte den Kopf und stand auf. Aber er torkelte hin und her und einer der Knappen musste ihn stützen. Der Schwarze Ritter hob den Arm als Zeichen dafür, dass er nicht mehr weiterkämpfen wollte.

Da brach ein unbändiger Jubel im Publikum los. Hüte, Tücher und Kappen flogen durch die Luft und Fanfarenstöße verkündeten das Ende des Turniers. Begeistert durchbrach das Publikum die Absperrung, hob Konrad vom Pferd und trug ihn vor die Tribüne.

Erst als Konrad vor Karoline und vor seinem Onkel stand, verstand er, was geschehen war. Er hatte den Schwarzen Ritter besiegt! Er hatte das Turnier gewonnen!

Ein neuer Anfang

Verwirrt nahm Konrad den Helm ab. Ritter Gregor blieb vor Schreck der Atem weg, als er seinen Pagen erkannte.

„Wie kannst du es wagen, dir mit solch billigen Tricks den Sieg zu ergaunern!", herrschte er Konrad an.

Plötzlich stand der Schwarze Ritter neben Konrad. „Wartet!", rief er und zog dem Helm vom Kopf.

Konrad staunte, als erst ein dichter, schwarzer Bart zum Vorschein kam, dann eine rote Knollnase und am Ende ein Paar munter und freundlich blitzende Augen.

Der Schwarze Ritter legte Konrad seine Hand auf die Schulter. „Bei allen Turnieren, in denen ich gekämpft habe – einen so mutigen Gegner hatte ich nie. Du bist der rechtmäßige Sieger. Erlaubt, Ritter Gregor, dass ich diesen tollen Burschen in meine Dienste nehme und zum Ritter ausbilde."

Gregor räusperte sich nervös. Er wagte es nicht, dem Schwarzen Ritter seine Bitte abzuschlagen und stimmte zu.

Konrad war überglücklich, dass er nun nicht nach Hause musste und obendrein den am meisten gefürchteten aller Ritter als Freund und Lehrer gewonnen hatte.

Beim Abschlussfest durfte Konrad mit an der Tafel sitzen und zwar zur Rechten des Schwarzen Ritters und zur Linken Karolines.

Ritter Gregor hatte sehr schlechte Laune,
weil Friedrich und Bruno im Turnier so
miserabel abgeschnitten und gegen ihren
kleinen Bruder verloren hatten. Klar, dass sich
Ritter Gregor nach anderen Schwiegersöhnen
für seine Töchter umschauen musste.

Als das Fest auf seinem Höhepunkt war,
erhob sich Karoline und bat ihren Vater um die
Erlaubnis, den Sieger des Turniers zu küssen.
So verlangte es schließlich der Brauch.

Ritter Gregor konnte dagegen nicht das Geringste einwenden. Mit saurer Miene musste er zusehen, wie Karoline Konrad zart auf die Wange küsste.

Konrad wurde dabei ganz rot und in seinem Herzen gab es wieder einen Stich. Der schmerzte viel mehr als sein Oberarm, der nunmehr in den Farben dunkelviolett und blau leuchtete.

Friedrich und Bruno schoben schweigend ihre Teller von sich. Ihnen war das Lachen und der Appetit vergangen. Leise und heimlich stahlen sie sich vom Fest davon.

Am anderen Tag hieß es für Konrad Abschied nehmen. Er dankte Ulrich viele Male für seine Hilfe und Treue.

Karoline freute sich sehr für Konrad, weil er zusammen mit dem Schwarzen Ritter Abenteuer erleben und von ihm lernen konnte. Doch als Konrad ihr zum Abschied die Hand gab, sah sie sehr traurig aus.

„Ich komme auf jeden Fall wieder, sobald ich zum Ritter geschlagen wurde", versicherte er.

Karoline seufzte. „Und was mache ich in der Zwischenzeit?"

Plötzlich grinste Karoline und versetzte Ulrich im Spaß einen Stoß in den Bauch.

„Ihr bringt mir Reiten und Bogenschießen bei, bis Konrad wieder da ist!"

„Warum nicht lieber Kochen?" entgegnete Ulrich grinsend.

„Keine Lust!", antwortete Karoline und rümpfte die Nase.

Konrad lachte und drückte Karoline ganz fest an sich. Dann stieg er auf sein Pferd und trabte neben dem Schwarzen Ritter durchs offene Burgtor.

Susanne Orosz, geboren 1962 in Wien, arbeitet als Deutschlehrerin und Drehbuchautorin. Sie schreibt hauptsächlich fürs Kinderfernsehen und lebt in Hamburg.

Marion Meister wurde 1974 als Marion Weiße in Wolfratshausen geboren. Schon früh waren ihr Talent und ihre Leidenschaft fürs Zeichnen auf den Möbeln der elterlichen Wohnung sichtbar. Kein Wunder also, dass sie, nach dem Fachabitur für Gestaltung an der Film-hochschule in Potsdam-Babelsberg, Animationsfilm studierte. Nach dem Diplom begann sie als freie Illustratorin im Bereich Kinder- und Jugendbuch zu arbeiten. Sie lebt mit ihrem Mann Derek Meister, mit dem sie auch Kinderbücher schreibt, in Berlin.

Konrads Ritterturnier

Leserätsel

– 3. Leseschritt –

Teil 1: Fragenrätsel

*Hast du die Geschichte genau gelesen? Dann fällt es dir
sicher nicht schwer, ein paar ritterliche Fragen zu
beantworten. Kreuze einfach die richtigen Antworten an
und schreibe die Buchstaben, die dahinter stehen, in die
Kästchen am Ende des Fragenrätsels. Zur Not kannst du
noch einmal in deinem Buch nachlesen. Wenn du alles
richtig beantwortet hast, ergibt sich daraus ein Lösungswort.*

Tipp: *Das veranstalten Ritter fast so gern wie ein Turnier.*

1. Was will Konrad unbedingt werden?
   - a) Tierarzt   L
   - b) Bäcker   U
   - c) Ritter   F

2. Welchen Namen hat das Pferd, auf
   dem Konrad seine Botenritte erledigt?
   - a) Tomate   X
   - b) Karotte   E
   - c) Banane   Z

3. Was war Koch Ulrich früher?
   - a) Waffenknecht   S
   - b) Lehrer   A
   - c) Hofnarr   R

4. Warum wird Onkel Gregor beim Essen
   böse auf Konrad?
   - a) weil er am Tisch einschläft   M
   - b) weil er mit vollem Mund redet   D
   - c) weil er Wein über Elsbeth und
     Tante Gerhild kippt   T

5. Wer hält überraschend zu Konrad und
   will sogar mit ihm fliehen?
   a) Bruno   W
   b) Friedrich   B
   c) Karoline   G

6. Womit wird der Schmied überzeugt,
   Konrads Helm kleiner zu machen?
   a) Schokolade   R
   b) Goldring mit Smaragdstein   E
   c) gutes Zureden   U

7. Wie nennt sich Konrad für das Turnier?
   a) Stanislaus von Streuselhausen   L
   b) Rüpel von Rüpelshausen   C
   c) Tassilo von Tapferhausen   Ü

8. Wo landet Bruno am Ende seines
   Kampfes gegen Konrad?
   a) auf dem Misthaufen   W
   b) im Kuhstall   H
   c) auf der Ehrentribüne   A

9. Womit sticht Konrad das Pferd
   des Schwarzen Ritters?
   a) mit seiner Helmspitze   G
   b) mit einer Stricknadel   K
   c) mit seiner Lanze   H

10. Wer will Konrad zum Ritter ausbilden?
    a) Onkel Gregor   F
    b) der Schwarze Ritter   E
    c) Ritter Greifenklau   R

Lösungswort:

Teil 2: Worträtsel

1. *Konrad ist mutig, findest du nicht? Aber weißt du auch, dass das Gegenteil davon „feige" ist? Finde bei den folgenden Eigenschaftswörtern immer das Gegenteil heraus.*

mutig   feige _____

schmutzig _____

hoch _____

groß _____

dick _____

jung _____

dunkel _____

müde _____

fleißig _____

schlecht _____

kurz _____

2. *Es gibt Dinge, die gehören einfach zusammen, wie Konrad und Karoline. Kannst du diese Paare miteinander verbinden?*

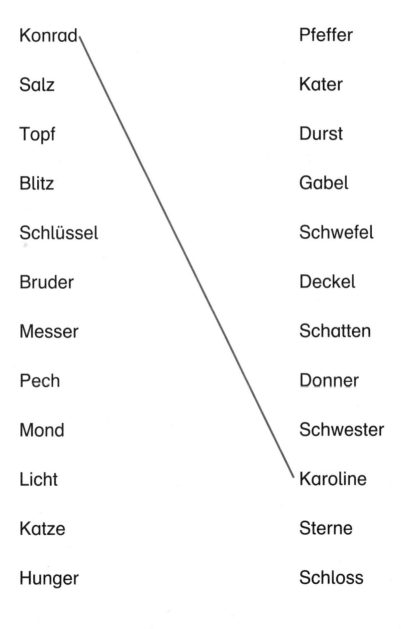

Konrad	Pfeffer
Salz	Kater
Topf	Durst
Blitz	Gabel
Schlüssel	Schwefel
Bruder	Deckel
Messer	Schatten
Pech	Donner
Mond	Schwester
Licht	Karoline
Katze	Sterne
Hunger	Schloss

3. *Ulrich steht grübelnd in seiner Küche. Da passt doch etwas nicht zusammen! Kannst du mit ihm herausfinden, welcher Begriff nicht in die Reihe gehört und ihm sagen, warum er nicht dazu passt?*

a) Apfel, ~~Blumenkohl~~, Birne, Erdbeere, Orange

Blumenkohl ist als einziges kein Obst.

b) Bruder, Ritter, Cousine, Vater, Tante

_____

c) Buch, Heft, Badewanne, Zeitung, Block

_____

d) Bleistift, Helm, Lanze, Rüstung, Schwert

_____

e) Wasser, Brot, Tee, Limo, Saft

_____

f) Pferd, Stein, Kuh, Hund, Katze

_____

4. Konrad ist schlau, Ulrich ist schlauer und Karoline ist am schlauesten. Weißt du auch bei anderen Wiewörtern (= Eigenschaftswörtern), wie man sie richtig steigert? Setze die fehlenden Formen ein!

schlau	schlauer	am schlauesten
1. groß	größer	
2. süß		am süßesten
3.	kleiner	am kleinsten
4. alt	älter	
5. leicht		am leichtesten
6. lieb	lieber	
7. fleißig		am fleißigsten
8. schnell		
9.		am kältesten
10.	dünner	

Teil 1: Fragenrätsel

1. c) Ritter / 2. b) Karotte / 3. a) Waffenknecht /
4. c) weil er Wein über Elsbeth und Tante Gerhild kippt / 5. c) Karoline /
6. b) Goldring mit Smaragdstein / 7. a) Stanislaus von Streuselhausen /
8. c) auf der Ehrentribüne / 9. a) mit seiner Helmspitze /
10. b) der Schwarze Ritter
Lösungswort: FESTGELAGE

Teil 2: Worträtsel

1. Übung:
mutig – feige / schmutzig – sauber / hoch – tief / groß – klein / dick – dünn /
jung – alt / dunkel – hell / müde – wach / fleißig – faul / schlecht – gut /
kurz – lang

2. Übung:
Konrad – Karoline / Salz – Pfeffer / Topf – Deckel / Blitz – Donner /
Schlüssel – Schloss / Bruder – Schwester / Messer – Gabel /
Pech – Schwefel / Mond – Sterne / Licht – Schatten / Katze – Kater /
Hunger – Durst

3. Übung:
a) **Blumenkohl** ist als einziges kein Obst.
b) **Ritter** ist als einziger kein Verwandter.
c) **Badewanne** ist als einzige nicht aus Papier.
d) **Bleistift** ist nichts, was der Ritter im Turnier braucht.
e) **Brot** ist als einziges kein Getränk.
f) **Stein** ist als einziges kein Tier.

4. Übung:
1. am größten / 2. süßer / 3. klein / 4. am ältesten / 5. leichter /
6. am liebsten / 7. fleißiger / 8. schneller, am schnellsten / 9. kalt, kälter /
10. dünn, am dünnsten

© Joma Verlag GmbH, D-90518 Altdorf
Illustrationen: Marion Meister
Logoillustration: Elke Hanisch
Rätsel: Michaela Hanauer